AF142756

Au cœur

d'une croyance

Auteur : M. Maugalem

Sommaire

FSC

www.fsc.org

MIXTE

Papier issu
de sources
responsables
Paper from
responsible sources

FSC® C105338

Préface

Nous vivons dans un monde peuplé par environ 8 milliards d'êtres humains et selon certaines sources, environ 2 milliards seraient musulmans, soit 1 personne sur 4.

Face à de tels chiffres, il est tout à fait normal de se questionner :

« Cette religion représente-t-elle un danger pour le reste du monde ? »
« Pourquoi l'Islam ne cesse de se répandre à cette vitesse !? »
« Quelle est leur croyance ? »

À une période de ma vie, ce sont ces mêmes questions qui me traversaient constamment l'esprit. J'ai donc pris l'initiative d'exposer les réponses qu'apporte l'Islam authentique, tout en expliquant les grandes lignes de cette croyance de la manière la plus simple possible.

Concernant la traduction des versets coraniques, je me suis basé le plus possible sur leurs sens réels (exégèse), contrairement à certains ouvrages qui ne font que traduire les mots sans mentionner ce qui doit l'être. Il est important de préciser que pour évoquer certains mots de la langue arabe, j'ai parfois écrit des mots en phonétique, tout en sachant que la prononciation phonétique en français, ne correspond pas systématiquement à la réelle prononciation en arabe.

J'ai utilisé un vocabulaire simple (courant, parfois familier) pour faciliter la compréhension de ce livre à tout le monde, qu'il s'agisse d'un enfant qui a un niveau collège ou d'un adulte qui n'a pas forcément un grand niveau en langue française.

Cet ouvrage très concis composé de moins de cent pages permettra aux lecteurs de plonger facilement « *Au cœur d'une croyance...* »

Remerciements

Je tiens tout d'abord à remercier et à louer mon Seigneur qui m'a facilité et m'a permis d'aller jusqu'au bout de cet écrit. Je remercie aussi ma femme qui a fait toutes les causes pour que ce projet voit le jour, qui a patienté avec nos 3 enfants lors de mes longs moments d'absence pour poursuivre l'écriture de ce livre. Merci à eux du fond du coeur pour ce soutien sans failles.

Je n'oublie pas également les 5 personnes de science religieuse qui ont pris le temps de vérifier la véracité de mes propos concernant l'Islam, ainsi que les correcteurs et correctrices, en particulier les personnes qui ont fait toute la mise en page du livre, en refusant de prendre un salaire par bonté et bonne foi. Je pense aussi à toutes les personnes qui ont pris le temps de lire ce livre avant sa sortie officielle pour me faire part de leurs remarques plus que pertinentes.

Introduction

Selon certaines sources, la religion la plus présente sur terre serait le Christianisme mais ce n'est pas forcément la religion la plus pratiquée car beaucoup se disent : « chrétiens non pratiquants ».

Avec 49 pays dont la majorité de la population est musulmane, et environ 2 milliards de musulmans répartis dans le monde en 2024 (soit environ 1 personne sur 4), l'Islam semble être la religion qui regroupe le plus de pratiquants.

Certaines personnes pensent que cette religion s'adresse uniquement à la communauté arabe, sous prétexte que l'écriture du Coran dans sa version originale est en langue arabe. Pourtant, la situation actuelle nous montre qu'au-delà des pays arabes, les musulmans sont aussi présents en France, en Martinique, en Guadeloupe, aux États-Unis, au Congo, au Mali, au Sénégal, en Mauritanie, en Angleterre, en Malaisie, en Indonésie et dans beaucoup d'autres pays. D'ailleurs, d'après certaines statistiques, les personnes d'origine non-arabe représentent environ **79% de la communauté musulmane.**

Cette religion a toujours suscité chez les gens un tas de questions...

« Qu'est-ce qu'un Musulman ? »

« Pourquoi y a-t-il autant de conversions à l'Islam dans le monde !? »

« Quelle est leur croyance ? »

« Qui est Allah ? »

« Qu'est-ce que le Coran ? »

« Pourquoi « il » ou « elle » ne s'habille pas comme nous !? »

« Les attentats envers les non-musulmans, font-ils réellement partie de cette religion ? »

Toutes les réponses se trouvent dans l'explication du premier chapitre du Coran, « **Al Fatiha** » (**L'Ouverture**). Composé de 7 versets seulement, ce chapitre résume l'essentiel de la croyance musulmane d'une manière ordonnée, simple et concise.

Explication du chapitre : « Al Fatiha »

1er verset,

$$ ﴿ الْحَمْدُ لِلَّهِ رَبِّ الْعَالَمِينَ ﴾ $$

Traduction approximative :

« Toutes les plus belles louanges faites avec amour, reviennent uniquement à Allah, Seigneur de l'univers »

L'Islam commence par le fait de croire en un Seigneur unique, Créateur de l'univers.

Pour arriver à cette conclusion, il faut d'abord comprendre correctement chaque mot du verset cité plus haut, et comme nous traduisons des mots de l'arabe vers le français, une explication approfondie de chaque terme s'impose.

« Al 'Alamine » العالمين \ « Rabb » رب \ « Allah » الله \ « Al Hamd » الحمد sont les mots que nous allons expliquer.

« **Al 'Alamine** » traduit ici par « l'univers », désigne la nature dans son ensemble, c'est-à-dire toute chose existante dans les cieux et sur la terre.

Dans certaines traductions, on peut trouver que le mot *'Alamine* est traduit par « *les mondes* ». Ce n'est pas une erreur si on part du principe que les humains représentent un monde avec une science qui leur est propre. Pareil pour la faune et la flore (animaux, plantes, insectes).

« **'Alamine** » partage la même racine que le mot « **'Alama** » (علامة) qui signifie : **signe ou indicateur**, car chaque élément qui compose l'univers est un signe qui nous indique une seule chose : L'existence d'un Créateur unique.

D'où vient cette déduction ?

Nous savons tous que chaque chose qui nous entoure a un fabricant. Prenons l'exemple d'un téléphone, est-ce que quelqu'un de raisonnable accepterait qu'on lui dise :
« *Ton téléphone n'a aucun créateur, il s'est construit tout seul !* »
La réponse est non ! Mais pourquoi ?
Parce qu'il faut beaucoup de science et d'habileté pour fabriquer une chose aussi compliquée, ce que ni le néant, ni le hasard n'est capable de faire.

Que dire alors du cerveau humain ? Bien plus puissant que n'importe quel smartphone ou ordinateur...
Que dire de la minuscule graine qui pousse dans la terre

jusqu'à devenir un arbre qui donnera des fruits bénéfiques pour la santé ?

Que dire des nuages !? Le cumulonimbus par exemple, peut contenir plus d'un million de litres d'eau, un vrai miracle qui plane au-dessus de nos têtes. (L'information est facilement vérifiable sur le site météo France).

Que dire de l'humain qui sous sa forme initiale n'est qu'un simple liquide en apparence (goutte de semence), mais une fois dans le ventre de sa mère, il se transforme en chair, puis des membres apparaissent, des os, un cœur, un cerveau, des yeux etc... Sans oublier qu'il sera doté d'une intelligence remarquable.

Qui a bien pu créer et programmer avec autant de science toutes ces choses qui nous dépassent ? L'Homme lui-même ? Le néant ? Le hasard ?

Voici quelques réponses que nous apporte l'Islam dans le Saint Coran :

(Dans les versets qui vont suivre, le pronom « **Nous** » renvoie vers Allah l'Unique. « **Nous** » est employé dans certaines circonstances pour désigner une seule personne. On trouve cet emploi du « **Nous** » ne désignant qu'une seule personne dans les discours officiels de personnes détenant une autorité civile ou religieuse. Il s'agit alors du « **Nous** » de majesté ou d'autorité.)

« N'est-ce pas Lui (Allah) qui a créé les cieux et la terre et qui vous a fait descendre du ciel une eau avec laquelle Nous avons fait pousser des jardins pleins de beauté. Vous n'étiez nullement capables de faire pousser leurs arbres. »

(Sourate 27, Verset 60)

« Voyez-vous l'eau que vous buvez ?
Est-ce vous qui l'avez faite descendre des nuages ou en sommes-nous le descendeur ? »

(Sourate 56, Verset 68)

« Voyez-vous donc le feu que vous obtenez par frottement (avec du bois) ? Est-ce vous qui avez créé son arbre ou en sommes-nous le Créateur ? »

(Sourate 56, Verset 71)

Concernant la création de l'Homme, Allah dit :
« Nous avons fait du sperme une adhérence,
et de l'adhérence Nous avons créé un embryon,
puis de cet embryon Nous avons créé des os
et Nous avons revêtu les os de chair.
Ensuite, Nous l'avons transformé
en une toute autre création.
Gloire à Allah Le Meilleur des créateurs ! »

(Sourate 23, Verset 14)

« Voyez-vous donc ce que vous éjaculez,
est-ce vous qui le créez ou en sommes-Nous le Créateur ? »

(Sourate 56, Verset 58)

« Ô Hommes ! Rappelez-vous le bienfait d'Allah sur vous. Existe-t-il en dehors d'Allah, un créateur qui du ciel et de la terre vous attribue votre subsistance ? Aucune divinité ne mérite d'être adorée si ce n'est Lui ! »

(Sourate 35, Verset 3)

Notion importante :

Que signifie le verbe « **créer** » dans les versets cités plus haut ? Il signifie créer une chose à partir de rien, ce qui est impossible pour l'être humain. Par exemple, pour fabriquer une voiture, il faut plusieurs matières premières, ensuite il faut les transformer et les assembler. Mais qui a créé ces matières premières sans lesquelles on ne pourrait rien fabriquer ?

En tout cas, nous sommes tous unanimes pour dire que ce n'est pas l'être humain !

C'est dans ce sens qu'Allah nous pose la question dans le Coran :

« **Celui qui crée est-il semblable à celui qui ne crée rien ? Ne vous souvenez-vous pas ?** »

(Sourate 16, Verset 17)

Dans un autre passage du Coran, Il nous dit aussi :

« **Que l'Homme obverse donc sa nourriture : C'est Nous qui versons l'eau abondante (du ciel), puis Nous fendons la terre par fissure et y faisons pousser des graines, raisins**

et légumes, oliviers et palmiers, jardins touffus, fruits et
herbages, pour votre jouissances à vous et vos bestiaux. »

(Sourate 80, Versets 24 à 32)

On comprend donc de ces textes que créer à partir de rien
est une chose propre à Allah. Concernant l'Homme, il n'a
absolument rien créé, ne serait-ce qu'un petit pépin de fruit.

En se basant sur ces textes, on comprend maintenant pourquoi
les musulmans croient en Allah, Créateur et Seigneur de
l'univers.

QUE SIGNIFIE « RABB » رب ؟

« **Rabb** » - رب , traduit ici par « Seigneur » fait partie des
noms d'Allah qu'il faut connaître en priorité. En effet, il y
a dans l'explication de ce nom la réponse à deux questions
fondamentales :

**1. Quelles sont les caractéristiques du Créateur de l'univers
qui vont nous permettre de mieux Le connaître ?**
2. Qu'a-t-Il fait pour l'humanité et le reste du monde ?

Concernant le nom « **Rabb** » - رب , selon le contexte il signifie
plusieurs choses : **Le Maître, Celui qui gère, L'Éducateur, Le
Créateur, Celui qui est capable de toute chose.**
Dans le verset 1 du chapitre « **Al Fatiha** » , ce nom est annexé
au mot « univers ». Cela implique que tous les sens de ce nom
s'appliquent sur tout l'univers.

L'Islam nous enseigne aussi que le Seigneur de l'univers a plusieurs noms, ils sont tous sublimes et parfaits, parmi eux il y a...

Le Créateur - الخـالق

Il y a très longtemps, le monde que l'on connaît aujourd'hui n'était que néant. Ensuite Allah, Le Créateur, créa l'univers en 6 jours, sans aide ni associé.

Il créa alors l'Homme et l'ensemble de la nature dans laquelle se trouvent de magnifiques paysages et des espèces vivantes de toutes les formes et de toutes les couleurs. Devant toutes ces choses incroyables, l'Homme reconnaît ouvertement ne pas en être le créateur, pendant que l'Islam nous rappelle que tous les mérites reviennent à Allah, l'unique Créateur.

L'Omniscient *celui qui sait tout* - العليم

Celui qui est capable de créer une chose le fait forcément avec science et clairvoyance. En partant de ce principe, le système solaire, le cycle de l'eau et toutes les autres lois qui régissent l'univers ont forcément été mises en place par un être doté d'une science qui nous dépasse. C'est Allah, L'Omniscient, qui est à l'origine de toutes ces choses, et cela ne nous montre qu'une infime partie de Sa Science Infinie.

Il connaît aussi le nombre exact de toute chose : Le nombre d'étoiles dans le ciel, des espèces vivantes sur terre et dans la mer, des naissances et des décès, le nombre de gouttes d'eau qui tombent des nuages etc...

Il dénombre constamment toutes choses, bien plus facilement que nous lorsque nous devons additionner 1+1.

Sa Science englobe également :

- Tous **les événements du passé** car Allah existe depuis toujours et n'a jamais rien n'oublié.

- Tous **les événements du présent**, car Il voit et entend tout, de jour comme de nuit.

- Tous **les événements du futur** car c'est Lui qui a prédestiné toute chose.

- Et Il connaît aussi **les événements du conditionnel** (ce qu'il se serait passé).

Pour rendre cette notion plus claire, prenons le cas d'une personne qui rate son avion et se met à dire : « si je n'avais pas raté mon vol, c'est sûr que j'aurais fait telle chose et telle chose...»

Mais peut-être que cette personne serait tombée malade dans l'avion en mangeant quelque chose, ou qu'un autre imprévu l'aurait empêchée d'agir comme elle le souhaitait. Seul Allah, L'Omniscient, sait parfaitement ce qu'il se serait passé.

Le Tout Puissant - العزيز

Le soleil est si puissant, qu'il pourrait réduire en cendre notre planète en seulement quelques secondes, par la grâce d'Allah, c'est la distance qui nous en préserve.

Quant aux volcans, il est dit que certaines éruptions ont été plusieurs centaines de fois plus puissantes que la bombe atomique américaine larguée sur la ville japonaise Hiroshima le 6 août 1945, estimée à environ 15000 tonnes de TNT.

À titre d'exemple, l'éruption volcanique des îles Tonga le 15 janvier 2022 a été estimée à 500 fois plus puissante que la bombe atomique Américaine « Little Boy ».

La puissance de la foudre est incroyable. Pour avoir une idée, la tension de la foudre peut atteindre 100 millions de volts, son intensité 200 000 ampères et sa température 30 000 °C !

Si la puissance de ces trois éléments de la nature nous impressionne, alors que dire de la puissance de Celui qui les a créés, sachant qu'il existe des choses bien plus puissantes dans l'univers.

Tout ce qui est perceptible n'est en réalité qu'un petit aperçu de la puissance infinie d'Allah, Le Tout Puissant.

De plus, l'Islam nous informe qu'Allah n'est pas concerné par la maladie, la fatigue, la faiblesse ou la mort. Il est éternel, invincible et infaillible. Certaines personnes pensent qu'Allah s'est reposé un dimanche à cause de la fatigue provoquée par la création de l'univers, mais cela a été réfuté par le verset suivant :

« En effet, Nous avons créé les cieux, la terre, et ce qui existe entre eux en six jours, sans être touché par

les prémices de la fatigue. »

(Sourate 50, Verset 38)

Le Pourvoyeur - الرزاق

Il est Celui qui accorde la subsistance à chacune de Ses créatures.
Il a créé l'air, l'eau, la nourriture et tout ce qui nous maintient en vie.

C'est Lui qui gère les nuages pour nous abreuver et faire pousser tous types de nourritures profitables aux humains, à la faune et la flore.

Il est aussi Celui qui se charge de nourrir les cœurs en y mettant de l'amour, de la miséricorde, de l'espoir, de la crainte révérencielle, de la science, de la joie et de la foi.

Le Guérisseur - الشافي

Allah, Le Guérisseur, est Celui qui nous accorde la guérison à l'aide de choses qu'Il a Lui même créées dans la nature.

À titre d'exemple, le miel, la terre d'argile, la graine de nigelle, la verveine, l'huile d'olive, le gingembre, le citron, et encore pleins d'autres choses qui font partie de nos remèdes naturels. Toute personne qui médite sur le nombre de remèdes présents sur terre, se rendra compte que notre planète est la plus grande pharmacie naturelle qui puisse exister.

Celui ou celle qui connaît bien la nature pourra y trouver une cause de guérison contre les problèmes de ventre, de cœur, de peau, de cheveux, de fatigue, d'humeur, de poids et quasiment tous les problèmes de santé.

Il est aussi Celui qui a placé en chacun d'entre nous un système de défense immunitaire, qui permet au corps de repousser certaines maladies, virus et bactéries nuisibles.

Le Guérisseur est capable de guérir une personne sans remède ni cause apparente. En effet, combien ont été touchés par une maladie et du jour au lendemain... « Miracle » plus rien !

Il se charge également de guérir les problèmes « de cœur » comme la tristesse, l'angoisse, la haine, la frustration, la solitude, la jalousie, le manque de confiance et d'assurance etc...

Il accorde la guérison à qui Il veut parmi Ses créatures, et en prive qui Il veut, pour des sagesses et des raisons qui sont parfois visibles aux yeux de tous, ou imperceptibles dans d'autres cas.

Le Tout Miséricordieux - الرحمان

Ce nom renvoie vers l'immense miséricorde d'Allah. Voici quelques exemples pour mieux comprendre comment Sa miséricorde se manifeste dans nos vies :

Le Tout Miséricordieux nous a donné la vie, la santé, l'intelligence, l'ouïe, et la vue sans laquelle nous ne pourrions lire ce livre... Tous ces bienfaits proviennent de Sa Miséricorde.

Le fait qu'il nous ait mis à disposition des aliments et des plantes qui contiennent des remèdes et des bienfaits pour la santé est une miséricorde.

Lorsqu'Il accorde Son Pardon à une personne qui se repent sincèrement, même après des années d'insouciance, il s'agit encore d'une miséricorde.

Lorsqu'Il nous éprouve par les soucis, la maladie, le manque d'argent ou autres, et qu'une fois sortis de ces épreuves, nous réalisons ce qui est essentiel dans la vie, ces épreuves deviennent un bienfait pour nous, une éducation et une miséricorde.

Notion importante :

Précedemment, nous n'avons pas pu citer tous les sens que le nom « Rabb » renferme, mais il est important de retenir que l'étude de ce nom nous pousse à prendre conscience de ce que le Créateur est le seul à faire pour Ses créatures .

Quant à l'étude du nom Allah, elle renvoie vers le fait de prendre conscience de ce que les créatures doivent faire uniquement pour leur Créateur.

À l'origine, le nom **ALLAH** se dit : « **AL ILAH** ».
Ce qui signifie : La seule divinité qui mérite l'adoration.

Pour faciliter la prononciation de ce nom, un « i / إ » a été enlevé, ce qui donne le nom que les musulmans utilisent principalement jusqu'à aujourd'hui « **ALLAH** ».

Notion importante :

Parmi tous les noms d'Allah que l'Islam nous a permis de connaître, « **ALLAH** » est le plus mentionné. Voici quelques raisons :

Argument n°1 :

La signification de ce nom est très bénéfique pour quiconque l'étudie et le comprend. En effet, le fait de savoir que « **ALLAH** » signifie : « **La seule divinité qui mérite d'être adorée** » oriente et encourage la personne qui recherche la vérité, à délaisser les fausses divinités, pour adorer uniquement Le Créateur des cieux et de la terre.

Comprendre ce nom, revient donc à comprendre le but de l'existence humaine, conformément à la parole d'Allah :

**« Je n'ai créé les Djinns et les Hommes
que pour qu'ils M'adorent. »**

(Sourate 51, Verset 56)

Ce nom a pour particularité de regrouper tous les noms d'Allah sans exception, et chaque nom vient décrire et expliquer qui est « ALLAH ».

Par exemple, un adorateur qui implore son Créateur par le nom « ALLAH », doit avoir pour croyance qu'il implore par la même occasion tous les autres Noms. Lorsqu'il dit : « Ô Allah... Aide-moi ! » il dit aussi indirectement :

« Ô Seigneur de l'univers رب Aide-moi ! »

« Ô Celui qui est capable de toute chose قدير Aide-moi ! »

« Ô Celui qui détient toute chose - مالك - Aide-moi ! »

« Ô Allié par excellence - ولي - Aide-moi ! »

« Ô Celui qui entend tout - سميع - Aide-moi ! »

« Ô Celui qui voit tout - بصير - Aide-moi ! »

« Ô Tout Puissant - عزيز - Aide-moi ! »

« Ô Très Généreux - كريم - Aide-moi ! »

Cette règle concerne aussi les noms que nous n'avons pas pu citer. Plus l'adorateur connaîtra les différents noms de son Seigneur, plus le nom « ALLAH » deviendra immense dans son coeur.

*En Islam, lorsque l'adorateur s'adresse à son Seigneur il ne

Le vouvoie pas, il Le tutoie. Ici, ce n'est pas un manque de respect. Nous le mentionnons car certains pourraient penser que c'est une maladresse de notre part.

Argument n°3 :

Le nom « **ALLAH** » est le plus cité dans le Saint Coran, il est mentionné deux mille deux cents fois.

Malgré que ce nom soit mis en avant par rapport aux autres, il est quand même demandé à l'adorateur de L'invoquer aussi par Ses autres Noms, conformément au verset :

> **« C'est à Allah qu'appartiennent les noms les plus parfaits, invoquez-Le et adorez-Le donc avec. »**
> **(Sourate 7, Verset 180)**

QUE SIGNIFIE « Al Hamd » الحمد ؟

Le mot « **Al Hamd** » est le premier mot du chapitre 1 « **Al Fatiha** .»

Toutes les notions que nous avons évoquées concernant Allah nous montrent qu'Il est parfait, raison pour laquelle Il est le seul à mériter « **Al Hamd** ». En langue arabe, ce mot renvoie vers deux notions importantes :

Notion n°1 :

Il englobe toutes les plus belles louanges (compliments) que l'on puisse faire. Exemple : « Ô Allah, Tu es le meilleur créateur, le plus généreux, le plus miséricordieux, le plus noble, le plus intelligent, le plus puissant, le plus indulgent, le plus juste, le plus sage, ainsi que toutes les autres louanges possibles.»

Notion n°2 :

Toute personne qui prononce cette parole doit le faire avec un amour sincère tout en élevant Allah à la meilleure place dans son cœur (dans son estime).

En revanche, si la personne ne connaît pas un minimum son Seigneur, il lui sera très difficile d'être sincère en disant cela.

Imaginez-vous qu'on vous demande d'aller voir un inconnu dans la rue pour lui dire : « *tu es le plus sage et le plus généreux* », votre cœur ne sera pas convaincu parce que vous ne connaissez pas assez cette personne pour croire sincèrement en ces paroles.

En revanche, à partir du moment où vous savez de sources sûres qu'une personne détient réellement ces caractéristiques, ces paroles seront dites sincèrement.

Concernant Allah c'est le même principe, plus on Le connaît, plus le cœur sera présent pendant les louanges et les invocations.

Par quoi commence l'Islam ?

Comme nous l'avons dit précédemment, l'Islam commence par le fait de croire en l'existence d'un Créateur unique. Ensuite, il faut approfondir les connaissances vis-à-vis d'Allah pour pouvoir L'aimer et L'adorer sincèrement.

Cela doit se faire à travers l'étude de Ses différents Noms et de Sa Religion. C'est dans ce sens qu'Allah a dit :

« *Sache qu'il n'y a pas d'autre divinité qui mérite d'être adorée si ce n'est Allah »

(Sourate 38, Verset 19)

Ici, le verset commence par le mot : « **Sache !** », autrement dit, apprends à connaître Allah et la raison pour laquelle il mérite d'être adoré exclusivement.

Si vous vous posez la question : quel est le chapitre du Coran qu'il faut étudier en priorité ? La réponse c'est : « **Al Fatiha** », parce qu'il s'y trouve toutes les notions dont les croyants et croyantes auront besoin au début de leur Islam.

De plus, chaque verset a été révélé par ordre de priorité.

Par exemple, les premiers versets mettent en lumière une notion très importante :
La connaissance d'Allah à travers Ses différents Noms.

En effet, en observant les trois premiers versets de ce chapitre, on constate qu'Allah se présente à l'humanité en mettant en avant cinq de Ses Noms sublimes :

La seule divinité qui mérite d'être adorée (ALLAH الله)

Le Seigneur de l'univers (الرب)

Celui qui est doté d'une Miséricorde infinie (الرحمان)

Celui qui touche avec Sa Miséricorde qui Il veut, (الرحيم)

Le Roi Suprême / Celui qui possède toute chose (المالك / الملك)

Aujourd'hui, nombreuses sont les personnes qui désirent comprendre et pratiquer l'Islam, sans respecter l'ordre de priorité dans lequel il a été révélé.

Le Prophète Mohammed ﷺ avait pourtant dit :

« Commencez par là où Allah a commencé ».

Autrement dit : lorsque vous adorez Allah, faites-le en respectant l'ordre de priorité qu'Il a choisi pour nous.

Celui ou celle qui néglige ce précieux conseil, aura une compréhension et une pratique de la religion erronées, et sera sujet à de nombreux égarements.

Parmi les fondements de la croyance musulmane, il y a le fait que toute adoration vouée à Allah repose en grande partie sur l'amour. Il ne faut donc pas s'attrister pour un musulman ou une musulmane qui se limite à faire ou à ne pas faire une chose en fonction de son Seigneur, car il ou elle est censé le faire par amour pour son Seigneur.

Par exemple, si vous voyez une personne de confession musulmane faire la prière, la base c'est qu'elle le fait par amour pour son Seigneur, conformément aux versets :

« **Les croyants sont les plus ardents en l'amour d'Allah.** »
(Sourate 2, Verset 165)

« **Ceux qui ont la foi, qui ont fait de bonnes oeuvres, accomplissent la prière et acquittent la Zakat (l'aumône), auront certes leur récompense (le Paradis) auprès de leur Seigneur.** »
(Sourate 2, Verset 277)

Autre exemple, si vous voyez une autre personne musulmane s'interdire la viande de porc, la base c'est qu'elle s'interdit cela par amour et aussi par respect pour les limites que son Seigneur lui a imposées, conformément au verset :

« **Vous sont interdits la bête trouvée morte, le sang, la chair de porc...** »
(Sourate 5, Verset 3)

Il faut garder en tête que pour arriver au stade où une personne œuvre uniquement pour son Seigneur, *(c'est-à-dire en respectant fermement les obligations et les interdictions)*, il faut avoir une foi forte.

Cela ne veut pas dire que si la personne n'y arrive pas, elle n'est pas croyante. Plus la personne va connaître avec science son Créateur, plus elle va l'aimer, et c'est l'amour que portent les croyants et les croyantes à Allah qui facilite le respect et l'application de ses conseils, obligations et interdictions.

Attention ! Lorsque certaines personnes musulmanes veulent enseigner l'Islam à d'autres, ils commencent par leur dire :

« Ceci et cela sont interdits, crains Allah ! »

« Acquitte toi de tes obligations sinon Allah te punira... »

« Tu veux aller en Enfer ? Alors délaisse tout de suite telle chose sinon... »

Ce type de phrases suscite la crainte dans les cœurs, alors que l'Islam préconise autant que possible de commencer par susciter :

- Premièrement : **L'amour d'Allah.**
- Deuxièmement : **L'espoir d'obtenir Sa Miséricorde (Son Pardon, Ses Bienfaits, Son Paradis).**
- Troisièmement : **La crainte de Sa Colère et de Son Enfer.**

La crainte vient donc en dernier et non en premier, c'est ce que nous montrent les enseignements tirés de l'explication du chapitre « **Al Fatiha** ».

Comment connaître Allah ?

Dans un premier temps, il est possible d'apprendre à Le connaître en méditant sur la nature. Prenons le cas d'une personne qui se balade en forêt en méditant :

« Je ne me suis jamais posé la question mais... Qui a créé ces arbres fruitiers qui, à l'origine, n'étaient que de minuscules pépins comme ceux qu'on peut trouver dans les pommes ? Est-ce que c'est l'humain ? Non ! On l'aurait su... Le hasard ? Non impossible ! Hummm... Même si je ne Le connais pas, il existe forcément un Créateur ! Un Créateur bien intentionné envers nous en tout cas... parce qu'en plus de leurs bons goûts, on retrouve aussi dans les fruits des bienfaits et des remèdes contre beaucoup de problèmes de santé. »

En continuant sa balade, la personne se remet à parler toute seule :

« C'est incroyable ! Plus je prends du recul, plus ce Créateur m'impressionne ! La science qu'il faut avoir pour créer et programmer une petite graine est immense ! Une graine qui se transforme en racines une fois sous terre, puis de ces racines une tige sort de la terre, pour se transformer petit à petit en tronc d'arbre solide avec des branches qui tendent vers le ciel.

Des branches sur lesquelles poussent des fruits de couleurs différentes. En plus d'être généreux... ce Créateur est doté d'une science extraordinaire ! »

Si cette personne se met à méditer de la même manière sur le soleil, l'océan, les animaux etc... Elle apprendra davantage à connaître son Seigneur.

La méditation est très enrichissante mais attention, car certaines personnes ne méditent pas correctement ou pire encore, d'autres sont de mauvaise foi. Ils tomberont très certainement dans de mauvaises conclusions en se disant par exemple : « Le hasard fait bien les choses ». Même si cette conclusion contredit la raison.

En résumé, il y a deux manières d'apprendre à connaître Allah :

La première est de méditer sur l'univers, à condition que la conclusion corresponde à la vérité. D'ailleurs dans le Coran, Allah a fait l'éloge des personnes qui méditent de la bonne manière :

> « **Ceux qui méditent sur la Création des cieux**
> **et de la terre (en tirant comme conclusion) :**
> « **Notre Seigneur ! Tu n'as pas créé tout cela (l'univers)**
> **sans but. Gloire et pureté à Toi ! ». »**
>
> (Sourate 3, Verset 191)

La deuxième manière c'est le fait d'étudier les différents

noms d'Allah, et d'étudier l'Islam en se basant sur deux sources : **le Coran et la Sounnah.** Il faut bien sûr s'assurer que ces textes sacrés soient bien compris, et que les sources soient authentiques.

Qu'est-ce que le Coran ?

Comme nous venons de le rappeler , toute personne qui désire étudier l'Islam doit se baser sur deux sources : **Le Coran et la Sounnah.**

Quant au **Coran**, il s'agit de la parole d'Allah révélée à Son prophète Mohammed ﷺ, comme pour Jésus (Issa en langue arabe) que la paix soit sur lui, qui avait reçu la parole d'Allah « L'Évangile », pareil pour Moïse (Moussa), qui avait reçu la parole d'Allah « La Torah ». D'ailleurs, le Coran lui-même confirme cela :

« Il (Allah) a fait descendre sur toi (Mohammed) le Livre (Coran) avec la vérité, confirmant les Livres descendus avant lui. Il fit descendre La Torah et L'Évangile auparavant, en tant que guide pour les gens. Ensuite, Il fit descendre Le Discernement (Le Coran). »

(Sourate 3, Verset 3)

Sur la frise chronologique des livres révélés par Allah, le Coran est le dernier des Livres Saints qu'il faut suivre. Allah nous dit à son sujet :

« Le Coran a été descendu comme guide pour les gens,
et preuves claires de la bonne direction
et du discernement.»

(Sourate 2, Verset 185)

« C'est une révélation émanant de Celui
qui a créé la terre et les cieux sublimes. »

(Sourate 20, Verset 4)

« Nous n'avons point fait descendre sur toi
le Coran pour que tu sois malheureux »

(Sourate 20, Verset 1)

« Louange à Allah qui a fait descendre sur
Son serviteur (Mohammed), le Livre, et n'y a point
introduit de tortuosité (d'égarement).
[Un livre] d'une parfaite droiture pour avertir d'une
sévère punition venant de Sa part et pour annoncer aux
croyants qui font de bonnes œuvres qu'il y aura pour
eux une belle récompense (le Paradis).
Là où ils demeureront éternellement. »

(Sourate 18- Versets 1 et 2)

Ce livre saint révélé en langue arabe demeure tel qu'il était il y a environ 1454 ans, c'est-à-dire authentique et inchangé.

Question : Pourquoi voit-on aujourd'hui autant d'égarement de la part de certains musulmans qui prétendent suivre les sagesses de ce livre ?

Certains parmi eux volent, mentent, frappent, tuent, ou font des actions qui contredisent complètement leur religion.

Premièrement, il faut garder en tête que l'être humain a constamment le libre arbitre, il est donc possible qu'il choisisse de faire le mal même s'il connaît la vérité.

Deuxièmement, nombreuses sont les personnes qui ne comprennent pas correctement le Coran. En effet, toute personne qui décide de vouloir lire et pratiquer ce livre divin, doit d'abord revenir vers l'exégèse de chaque verset, c'est-à-dire l'explication authentique des versets du Coran, faite par le Prophète Mohammed ﷺ ou ses compagnons.

Troisièmement, il faut aussi maîtriser la science des versets abrogés. Il arrive encore aujourd'hui, en 2024, que des gens s'égarent en voulant mettre en pratique des versets qui ont été abrogés (annulés) par d'autres versets révélés par la suite.

Le Coran n'est donc pas un livre que l'on peut comprendre et pratiquer comme bon nous semble. Toute personne désirant mettre en pratique ce livre divin doit obligatoirement s'assurer que sa compréhension correspond à ce qu'Allah veut réellement.

De quoi parle le Coran ?

Il parle de la bonne croyance à avoir vis-à-vis de notre Créateur, de ce qu'Allah a créé, de ce qu'Il aime et n'aime pas, de Sa Bonté envers Ses créatures, de Sa Grandeur et Sa Puissance, de l'étendue de Sa Miséricorde et de Sa Science, de la vie après la mort, du jour du Jugement Dernier, des récompenses et châtiments, du Paradis et de l'Enfer.

Le Coran contient des paroles divines pleines de sagesse, des conseils pour les personnes riches et pauvres, jeunes et âgées, malades et en bonne santé, musulmanes et non musulmanes. On y trouve aussi les histoires de ceux qui ont emprunté le droit chemin, ainsi que les histoires de ceux qui s'en sont détourné.

Afin d'avoir une idée plus concrète du Coran et de la manière dont il nous renseigne sur les différents sujets que nous avons évoqués, voici quelques versets :

CE QU'ALLAH A CRÉÉ

« Il y a certes dans les cieux et la terre des *preuves pour

les croyants, dans votre propre création (l'humain),
et dans ce qu'Il dissémine comme animaux. »

(Sourate 45, Versets 3-4)

Des preuves qui prouvent à l'être humain qu'il n'a pas créé toutes ces choses, et qu'il existe forcément un Créateur.

« N'ont-ils pas vu que les cieux et la terre formaient une masse compacte ? Ensuite, Nous les avons séparés et fait de l'eau toute chose vivante. Ne croiront-ils donc pas ? »

(Sourate 21, Verset 30)

« Il (Allah) est Celui à qui appartient la royauté des cieux et de la terre, Celui qui ne S'est point attribué d'enfant, qui n'a point d'associé en Sa Royauté et qui a créé toute chose en lui donnant ses justes proportions. »

(Sourate 25, Verset 2)

« Ô Hommes ! Adorez votre Seigneur, qui vous a créés vous et ceux qui vous ont précédés, ainsi atteindrez-vous la piété. C'est Lui qui vous a fait la terre pour lit, et le ciel pour toit, qui précipite la pluie du ciel et par elle (l'eau), fait surgir toutes sortes de fruits pour vous nourrir, ne Lui cherchez donc pas des *égaux, alors que vous savez tout cela.»

(Sourate 2, Verset 21)

Égaux : d'autres divinités en dehors d'Allah.

LES BIENFAITS D'ALLAH ENVERS L'HOMME

**« Et si vous comptez les bienfaits d'Allah,
vous ne saurez pas les dénombrer. »**
(Sourate 16, Verset 18)

Essayons de dénombrer les bienfaits qu'Allah nous accorde uniquement à travers la vue. Elle nous permet :

- de nous guider,
- de lire,
- d'écrire,
- d'étudier et de s'instruire facilement,
- de travailler facilement,
- de se défendre contre les agresseurs, les voleurs etc.
- d'admirer la beauté du monde, les couleurs, les formes etc.
- de méditer après avoir observé des choses,
- de se regarder dans le miroir et de savoir à quoi nous ressemblons,
- de voir nos parents, nos familles, nos amis,
- d'être autonome dans nos tâches quotidiennes,
- d'aider les autres en cas de besoin,
- la vue nous permet de... désolé, je jette l'éponge !

Je n'ai pas réussi à dénombrer les bienfaits qu'Allah nous apporte à travers la vue, la liste est interminable ! Mais peut-être que vous, vous y arriverez.

Concernant l'ouïe, le toucher, l'odorat et le goût, je vous laisse aussi essayer ! Après avoir dénombré les bienfaits qui découlent de nos 5 sens, je vous invite aussi à compter les bienfaits qu'Allah nous apporte à travers la nature. Le soleil par exemple, à lui seul engendre beaucoup de bienfaits. C'est par sa cause qu'il fait jour, qu'il y a les 4 saisons, qu'il y a ce phénomène qu'on nomme « le cycle de l'eau » , que les plantes poussent, qu'il y a de la vie sur terre, que... je jette l'éponge !

LA PUISSANCE D'ALLAH

« Quiconque veut la puissance, qu'il la recherche auprès d'Allah. Car la puissance tout entière est à Allah. »
(Sourate 35, Verset 10)

« C'est Lui (Allah) Le Tout Puissant, Le Sage. »
(Sourate 45, Verset 36)

Ici, on constate que la puissance d'Allah est rattachée à Sa Sagesse, contrairement à ceux qui détiennent le pouvoir et la puissance, tout en opprimant les plus faibles par manque de sagesse.

LA SCIENCE D'ALLAH

« C'est Lui (Allah) qui détient les clefs de l'Inconnaissable. Nul autre que Lui ne les connaît. Et Il connaît ce qui est dans la terre ferme, comme dans la mer. Et pas une feuille d'arbre ne tombe sans qu'Il ne le sache. Et pas une graine dans les ténèbres de

la terre, rien de frais ou de sec, qui ne soit déjà consigné dans un livre explicite. »

(Sourate 6, Verset 59)

« Allah est Omniscient. (Il sait absolument tout) »

(Sourate 49, Verset 16)

LA BONNE CROYANCE VIS-À-VIS D'ALLAH

« Rien ne Lui ressemble, et c'est Lui l'Audient, le Clairvoyant. »

(Sourate 42, Verset 11)

En se penchant sur ce verset, on y trouve un fondement de l'Islam très important. En effet, il est strictement interdit de faire ressembler Allah à quoique ce soit. Qu'il s'agisse d'un humain, d'un animal, d'un objet, d'une forme, ou d'une chose tout droit sortie de notre imagination.

En revanche, ce n'est pas parce que le Coran nie toute ressemblance entre Allah et Sa Création, que nous devons aussi nier toutes Ses Caractéristiques affirmées par le Coran et Son prophète ﷺ.

À titre d'exemple, nous avons la vue et notre Créateur aussi, mais Sa vue n'a aucune limite contrairement à la nôtre. Nous ne pouvons pas voir dans le noir, lorsqu'une chose est trop éloignée ou lorsqu'une chose est dissimulée derrière un mur, etc. Concernant Allah, Sa vue n'est sujette à aucune limite, pareil pour Son ouïe et tout ce qu'Il a affirmé pour Lui-même dans le Coran et la Sounnah.

Avant de citer les différentes choses qu'Allah aime, nous allons commencer par la chose qu'Il aime le plus... « L'unicité - التوحد ».

Dans la langue arabe, le mot **Tawhid** (توحد) tire son origine du verbe « **wahhada** » (وحد) c'est-à-dire : unifier ou rendre une chose unique.

Concernant Allah, le fait de reconnaître Son existence n'est pas suffisant, En effet, Allah est unique, Il est le Seul à gérer l'univers et Il aime que Ses créatures attestent de Son unicité dans l'adoration. Pour l'unifier comme il se doit, il faut accepter deux conditions : **la négation et l'affirmation.**

Première condition :

La négation

C'est le fait de rejeter avec le coeur toutes les fausses divinités (dieux et déesses) et d'avoir la ferme conviction qu'elles ne méritent aucune adoration.

Qu'est-ce que l'adoration ?

Selon l'Islam, c'est le fait de faire une action ou de dire une parole qu'Allah aime, en ayant l'intention de se rapprocher de Lui.

Voici quelques exemples d'adorations :

- Aimer, espérer, et craindre un être, au point de se soumettre totalement.
- Invoquer (appeler à l'aide par des prières et des demandes).
- Demander le pardon et l'effacement des péchés commis.
- Renvoyer toutes les louanges à un être, avec le plus haut degré d'amour.
- Faire la prière.
- Rechercher protection contre des choses de l'invisible (l'Enfer, le diable et ses adeptes, la sorcellerie, le mauvais œil etc.)
- Rechercher une bénédiction.
- Et il y a encore beaucoup d'adorations que nous n'avons pas citées...

Beaucoup de gens pensent que l'adoration se limite à la prière, alors qu'elle concerne de nombreuses actions. Il est donc possible que la personne qui ne maîtrise pas correctement ce sujet, voue une adoration à autre qu'Allah sans le savoir.

Pour bien comprendre comment une personne doit mettre en pratique « **la négation** » dans son cœur, prenons le cas d'une personne qui considère que Poséidon est le dieu des océans. Si elle veut désormais unifier Allah, elle doit se dire sincèrement :

« Je ne crois plus en Poséidon, cette divinité inventée qui ne mérite pas l'adoration. Pareil pour Zeus et Metis sa femme, ainsi que toutes les autres divinités grecques».

Cela est valable aussi pour les divinités égyptiennes, africaines, ou issues de l'hindouisme, du vaudou ou n'importe quelle autre divinité en dehors d'Allah.

Qu'est-ce qu'une divinité ?

En Islam, toute chose qui est adorée est nommée divinité.
Il est donc très facile de faire d'une chose une divinité, qu'il s'agisse d'un élément de la nature, d'un objet, d'un sport, d'un humain, d'une « célébrité », de l'argent, d'un mort, d'une âme, du diable, d'un ange, d'un animal etc.

Par exemple, si une personne passe devant un arbre et qu'elle se met à le vénérer en lui vouant une ou plusieurs adorations, alors cet arbre est devenu une divinité. Ensuite, une croyance est généralement inventée autour de cet arbre, en prétendant qu'il porte chance si on prend soin de lui, qu'il porte malheur si on le néglige, si on mange de ses fruits on obtient une bénédiction et pleins d'autres choses de ce genre.

L'Islam nous enseigne aussi que toutes les divinités en dehors d'Allah sont fausses et inventées. Dans le Coran, Allah a dit :

« Ce ne sont que des noms que vous avez inventés, vous et vos ancêtres. Allah n'a fait descendre aucune preuve à leur sujet »

(Sourate 53, Verset 23)

L'affirmation

C'est le fait d'affirmer avec le cœur, que seul Allah mérite toutes les adorations.

Voici un verset qui réunit les deux conditions du « **Tawhid** » (l'unicité d'Allah) :

> « **Point de divinité qui mérite l'adoration si ce n'est Lui, Le Tout Puissant, Le Sage** »
>
> **(Sourate 3, Verset 18)**

D'ailleurs, Le Seigneur de l'univers a ordonné à toute l'humanité de n'adorer que Lui, cet ordre est général et ne concerne pas seulement les musulmans, conformément au verset 23 de la sourate 17 :

> « **Ton Seigneur a décrété : « N'adorez que Lui ». »**
>
> **(Sourate 17, Verset 23)**

Le Tawhid (l'unicité) est de loin la chose la plus aimée par Allah, l'une des plus grandes preuves se trouve dans la signification de Son Nom : « Allah ». La seule divinité qui mérite d'être adorée.

Voici quelques versets qui évoquent l'unicité (première partie) :

« Qui est le meilleur : Des seigneurs éparpillés ?
Ou Allah, L'Unique, Le Dominateur suprême ? »
(Sourate 12, Verset 39)

Ce verset nous rappelle que les fausses divinités sont éparpillées et impuissantes. Par exemple, dans la mythologie grecque :

- Hera est une déesse qui s'occupe du mariage et de la fécondité.
- Déméter est un dieu qui s'occupe de la terre fertile.
- Eole s'occupe du vent.
- Poséidon s'occupe de la mer etc.

Ici, on voit que Hera est limitée dans ses actions, car elle ne peut pas gérer le vent, la mer etc. Zeus aussi ne peut pas tout gérer, il est donc limité de la même manière. Pareil pour Athéna, Poséidon, Eole et le reste des divinités.

Quant à la manière dont le Coran présente Allah, on constate que Ses Actions, Sa Science et Sa Puissance n'ont aucune limite. Il est le Seul à tout créer dans l'univers, à tout gérer, et il n'y a pas d'autre Roi en dehors de Lui.

« Votre Divinité est une divinité unique. Aucune autre
ne mérite l'adoration, c'est Lui qui détient une immense
Miséricorde, Celui qui touche qui Il veut avec cette
Miséricorde. »
(Sourate 2, Verset 163)

« Dis : « Il est Allah, L'Unique.

Allah, Le Seul à être imploré pour ce que nous désirons.

Il n'a jamais engendré, n'a pas été engendré non plus.

nul n'est égal à Lui. ».»

(Sourate 112)

CE QU'ALLAH AIME - *VERSETS DU CORAN* :

« À ceux qui croient et font de bonnes oeuvres,
Le Tout Miséricordieux accordera Son amour. »

(Sourate 19, Verset 96)

« Et quiconque, homme ou femme, fait de bonnes
œuvres, tout en étant croyant...
les voilà ceux qui entreront au Paradis »

(Sourate 4, Verset 124)

« Ceux qui dépensent dans l'aisance et dans l'adversité,
qui dominent leur rage et pardonnent à autrui,
car Allah aime les bienfaisants »

(Sourate 3, Verset 134)

« Quant à ceux qui croient et accomplissent les bonnes
œuvres, ce sont les meilleurs de toute la création. Leur
récompense auprès d'Allah sera les Jardins du Paradis,
sous lesquels coulent les ruisseaux, pour y demeurer
éternellement. Allah les agrée et ils L'agréent. »

(Sourate 98, Verset 7)

« Certes, Allah aime, les bienfaisants »

(Sourate 5, Verset 13)

« Allah aime les endurants. »

(Sourate 3, Verset 146)

LA MISÉRICORDE D'ALLAH

« Ô Mes serviteurs qui avez commis des excès à votre propre détriment, ne désespérez pas de la Miséricorde d'Allah, car Allah pardonne tous les péchés. Oui, c'est Lui Le Pardonneur, Le Très Miséricordieux ».

(Sourate 39, Verset 53)

« Informe Mes serviteurs que c'est Moi (Allah), Le Pardonneur, Le Très Miséricordieux ».

(Sourate 15, Verset 49)

CE QU'ALLAH N'AIME PAS

LE POLYTHÉISME (ou « shirk » en arabe - الشرك)

Parmi toutes les choses qu'Allah n'aime pas, le polythéisme en est la pire. En Islam, c'est le fait de donner ou de partager des adorations et des droits qui sont exclusifs à Allah, avec une autre divinité. Le shirk est donc le contraire du Tawhid, Les conséquences de cet acte sont extrêmement graves, conformément au verset coranique :

**« Quiconque associe à Allah d'autres divinités,
Allah lui interdit le Paradis et son refuge sera le Feu.
Et pour *les injustes, pas de secoureurs ! »**

(Sourate 5, Verset 72)

Notion importante :

Pour mieux comprendre la gravité de cette injustice, imaginez-vous qu'un enfant apprécie énormément l'ami de son père. L'enfant estime tellement cet homme qu'un jour il décida de dire à son père :
« DÉSORMAIS, JE CONSIDÈRE TON AMI COMME MON DEUXIÈME PÈRE ! Il est aussi généreux que toi, il m'aime comme toi tu m'aimes et me protège comme toi tu me protèges...»
Il apparaît clairement que cet enfant est injuste, car il a osé mettre un ami à la même place que son père.

Maintenant, imaginons une autre version de cette histoire, où l'enfant dit à son père :
« TU N'AS JAMAIS ÉTÉ UN BON PÈRE ! Demain je prends mes affaires pour partir vivre avec celui que je considère comme mon vrai père ! »
Ici l'enfant n'a pas mis cet ami au même niveau que son père, mais il l'a carrément mis au-dessus, l'injustice est encore plus grande !

Imaginons que dans un troisième cas de figure, le fils se met à dire :

« JE N'AI PAS DE PÈRE BIOLOGIQUE, il n'a jamais existé... je suis arrivé là par pur hasard. »

Le fait d'affirmer une telle chose n'est pas raisonnable. C'est une injustice parce que l'enfant a remplacé la vérité par un mensonge.

Dans ces trois cas de figure, l'enfant n'a pas considéré son père comme il se doit, il ne lui a pas donné l'estime qu'un père mérite.

Si vous avez bien compris les exemples précédents, alors vous devriez comprendre ce principe entre Allah et Ses créatures :

Premièrement, lorsqu'Allah donne la vie à un être humain, puis le comble de Ses bienfaits pendant de longues années, et que cette personne déclare :

« J'adore Allah, mais j'estime aussi que d'autres divinités méritent l'adoration. ». Alors cela est une énorme injustice.

Comme dans le cas de figure numéro 1 entre l'enfant et son père. Il est important de préciser que l'injustice faite envers le Créateur est bien plus grave que l'injustice faite envers la créature.

Deuxièmement, lorsqu'Allah couvre de Ses bienfaits une personne, en lui accordant la santé, la nourriture, la protection, la guérison en cas de maladie et que cette même personne décide de proclamer :

« J'estime que telle autre divinité m'a fait plus de bien qu'Allah,

alors elle mérite que je lui voue toutes mes adorations.»

Il s'agit bien là d'une personne très injuste qui ne met pas les choses à leur place, à l'image du cas numéro 2 entre le père et le fils.

Troisièmement, lorsqu'une personne prétend qu'il n'existe pas de Créateur, alors elle est semblable au cas numéro 3 car prétendre cela revient à dire que l'humanité s'est créée toute seule ou que le hasard l'a créée.

Voici ce que dit le Coran à propos du « **polythéisme** » :

« Et lorsque Luqman dit à son fils tout en l'exhortant : « Ô mon fils, ne donne pas d'associé à Allah, car le polythéisme est vraiment une injustice énorme ».»

(Sourate 31, Verset 13)

« Certes, Allah *ne pardonne pas qu'on Lui donne des associés. À part cela, Il pardonne à qui Il veut. Quiconque donne des associés à Allah s'égare très loin dans l'égarement. »

(Sourate 4, Verset 116)

*Selon l'Islam, Allah ne pardonne pas à une personne qui est morte en associant d'autres divinités à Allah tout en sachant que cela est interdit. En revanche, si elle se repent sincèrement de cela avant sa mort alors Il lui accordera Son Pardon et Sa Miséricorde afin d'accéder au Paradis.

L'INTERCESSION

En Islam, lorsque quelqu'un fait appel à une personne pour invoquer Allah en sa faveur, on dit de la personne qui a invoqué Allah pour autrui qu'elle a intercédé, et que cela fait de cette personne un(e) intercesseur(e).

Schéma explicatif :

Demandeur ⟶ Intercesseur ⟶ ALLAH

Il existe deux types d'intercessions : celle qui est autorisée et celle qui est interdite.

L'intercession autorisée :

Pour simplifier la compréhension de ce chapitre, prenons comme exemple le cas d'une personne qui se dirige vers son ami en lui disant :

« Je sais que tu es plus pieux que moi, parce que je te vois pratiquer la religion alors que moi je la néglige. Demande à Allah pour moi qu'Il me guide, et qu'Il me pardonne toutes mes erreurs pour me faire entrer au Paradis sans passer par l'Enfer. »

Cela est autorisé car les demandes de la personne sont destinées uniquement à Allah et non à une autre divinité.

Il est important de préciser que la meilleure manière de

procéder avec Allah c'est de ne prendre aucun intermédiaire, et de l'invoquer directement, même si la personne concernée n'a pas la foi haute.

Sans intercesseur :

Demandeur ⟶ ALLAH

L'intercession interdite :

Le fait d'avoir la capacité d'invoquer Allah en faveur d'une personne, fait partie des conditions pour pouvoir être un intercesseur. Par exemple, un mort est dans l'incapacité de communiquer avec les vivants, pour ensuite prendre en compte leurs demandes et invoquer Allah en leur faveur. Il est donc strictement interdit de solliciter un mort, même s'il s'agit du Prophète Mohammed ﷺ, d'un autre prophète, d'un saint, ou n'importe quelle personne qui n'est pas vivante et présente parmi nous.

De plus, il ne convient pas non plus de demander directement à autre qu'Allah, l'absolution (effacement) d'un péché, l'accès au Paradis, la préservation de l'Enfer, ainsi que toutes les choses que seul Allah peut faire. Aujourd'hui, cela peut paraître évident, mais on peut encore voir beaucoup de personnes revenir vers des imams, des prêtres ou autres pour demander directement à cette personne l'effacement de leurs péchés.

En Islam, cela est considéré comme du polythéisme (shirk),

car aucun intermédiaire n'est capable d'effacer les péchés à la place d'Allah.

Intercession interdite :

Demandeur $\longrightarrow$ **Intercesseur incapable** $\longrightarrow$ **ALLAH**

(Ici, nous avons résumé le chapitre de l'intercession, qui est en réalité bien plus vaste.)

CE QU'ALLAH N'AIME PAS - *VERSETS DU CORAN* :

« **Et assurément Il (Allah) n'aime pas les orgueilleux** ».
(Sourate 16, Verset 23)

« **Et votre Seigneur dit : «invoquez-Moi, Je vous répondrai. Ceux qui, par orgueil, se refusent à M'adorer entreront bientôt dans l'Enfer, humiliés** ».
(Sourate 40, Verset 60)

« **Sois bienfaisant comme Allah a été bienfaisant envers toi. Et ne recherche pas la corruption sur terre. Car Allah n'aime pas les corrupteurs** ».
(Sourate 28, Verset 77)

LE JOUR DU JUGEMENT

« Le fracas !
Qu'est-ce que le fracas ?
Et qui te dira ce qu'est le fracas ?
C'est le jour (du Jugement) où les gens seront comme des
papillons éparpillés, et les montagnes comme de la laine
cardée, quant à celui dont la balance sera lourde*, il sera
dans une vie agréable et quant à celui dont la balance
sera légère, sa destination est un abîme très profond.
Et qui te dira ce que c'est ? C'est un Feu ardent. »

(Sourate 101)

*Ce jour-là nos actions seront pesées dans une balance, si elle est
alourdie par les bonnes actions alors la personne aura une vie
agréable dans l'au-delà.*

« [Allah dit :] « Et quiconque se détourne de
Mon Rappel, mènera certes, une vie pleine de gêne,
et le Jour de la Résurrection Nous l'amènerons aveugle
au rassemblement »
Il (l'Homme) dira : « ô mon Seigneur, pourquoi
m'as-tu amené aveugle alors qu'auparavant je voyais ?
« [Allah dira :] « De même que Nos Signes (concernant
la vérité) t'étaient venus et que tu les as ignorés, ainsi
aujourd'hui tu es ignoré» »

(Sourate 20, Versets 124 à 126)

« Le jour où l'homme fuira son frère, sa mère,

son père, son épouse et ses enfants, chacun, ce jour-là, sera tellement préoccupé par son propre sort qu'il ne prêtera aucunement attention aux autres. Ce jour-là, il y aura des visages rayonnants, souriants et réjouis, de même qu'il y aura des visages couverts de poussière et enveloppés de ténèbres »

(Sourate 80, Versets 33-42)

LE PARADIS

« Ils seront rétribués pour ce qu'ils auront enduré, en leur donnant le Paradis et des vêtements de soie. »

(Sourate 7, Verset 12)

« Les premiers à suivre les ordres d'Allah dans ce bas monde ce sont eux qui seront les premiers dans l'au-delà. Ce sont ceux-là les plus rapprochés d'Allah dans les Jardins des délices (au Paradis) » sur des lits ornés d'or et de pierreries, s'y accoudant et se faisant face. Parmi eux circuleront des garçons éternellement jeunes, avec des coupes, des aiguières et un verre rempli d'une liqueur de source... qui ne leur provoquera ni maux de tête ni étourdissement et des fruits de leur choix, et toute chair d'oiseau qu'ils désireront. Ils n'y entendront (au Paradis) ni futilité ni blasphème, mais seulement les propos : « Salam ! Salam ! » [Paix ! Paix !]

(Sourate 56, Verset 10)

« Et quiconque viendra avec le mal* (le Jour du
Jugement), alors il sera culbuté le visage dans le Feu.
N'êtes-vous pas uniquement rétribués
selon ce que vous faisiez ? »

(Sourate 27, Verset 90)

Notion importante :

Ici, il est important de préciser que la signification du mot
« **mal** » ne correspond pas à ce que les gens définissent
eux-mêmes, car sinon certains vont considérer que fumer c'est
mal par exemple, alors que d'autres diront que c'est un bien
parce que ça permet de se détendre. La vraie définition du
bien et du mal, qui mène soit au Paradis, soit en Enfer, c'est le
Créateur de l'univers qui nous en informe dans le Coran et les
récits prophétiques.

Dans la sourate 17, verset 97, Allah a dit : « **Nous les
rassemblons traînés sur leur visage, aveugles, muets et
sourds. L'Enfer sera leur demeure : chaque fois que son
feu s'affaiblit, Nous leur accroîtrons la flamme ardente.** »

(Sourate 17, Verset 97)

« L'Enfer demeure aux aguets,
refuge pour les transgresseurs.
Ils y demeureront pendant des siècles successifs.

Ils n'y goûteront ni fraîcheur ni breuvage,
hormis une eau bouillante et un pus, comme rétribution
équitable, car ils ne s'attendaient pas à rendre
compte de leurs actions et traitaient de mensonges,
continuellement Nos versets, alors que Nous avons
dénombré toutes choses en écrit.
Goûtez donc ! Nous n'augmenterons pour vous
que le châtiment ! »

(Sourate 78, Verset 21)

Notion importante : ∼∼∼∼∼∼∼∼∼∼∼∼∼∼∼∼

l'Islam nous enseigne que l'Homme a été créé pour apprendre à connaître son Seigneur, l'aimer et l'adorer sans Lui donner d'associés.

Après avoir compris le but de l'existence humaine, il nous est demandé de réussir les épreuves de la vie qu'Allah nous envoie. Ces épreuves se présentent à nous sous plusieurs formes : la maladie, la bonne santé, la pauvreté, la richesse, les soucis, la mort de nos bien aimés et tous types de tentations possibles. En réalité, la vie entière est une épreuve, conformément au verset :

« Nous vous éprouverons par le mal et par *le bien à titre de tentation. »

(Sourate 35, Verset 35)

*Le mal est une épreuve et une tentation car une fois face à lui, il est difficile d'avoir un bon comportement. Quant au bien, c'est une tentation dans le sens où il a le pouvoir de nous distraire et de nous faire oublier le but de notre existence.

Certaines personnes par exemple ne sont pas forcément riches mais tout va bien dans leur vie, ils n'ont pas de problème grave, pas de problème de santé, ils s'entendent bien avec tout le monde, à l'école, au travail, au sport, à la maison... Tout va à merveille !

De telles personnes seront plus facilement distraites par les plaisirs de la vie, contrairement à une personne très éprouvée par les soucis. Une personne triste et éprouvée sera plus à même de se poser les bonnes questions en se disant par exemple :

« Pfff... Cette vie est nulle et fatigante... Remplie de soucis !
Je me demande s'il existe une vie meilleure et sans problème
dans l'au-delà. J'aimerais bien m'instruire à ce sujet ! »

Le Saint Coran annonce l'accès au Paradis, à toute personne qui adore son Seigneur correctement et qui s'efforce de réussir les épreuves de la vie :

« Ils seront rétribués pour ce qu'ils auront enduré,
en leur donnant le Paradis »

(Sourate 76, Verset 12)

Le Coran annonce aussi à toute personne qui ignore délibérément son Créateur, qui adore autre que Lui, se détourne de Ses Signes et de Ses Ordres, qui sème la corruption sur terre, et qui ne se soucie pas de réussir les épreuves de la vie, qu'un châtiment insupportable leur est réservé en Enfer.

Qu'est-ce que la Sounnah ?

Comme nous l'avons dit un peu plus haut, la science religieuse repose sur deux choses :
Le Coran que nous avons brièvement expliqué et la **Sounnah**.

Mais qu'est-ce que la **Sounnah** ?

La Sounnah du Prophète Mohammed ﷺ ce sont toutes ses paroles (conseils, ordres et interdictions), ses agissements, ce qu'il a agréé et ses caractéristiques.
Tout musulman doit adorer Allah exactement comme le Prophète nous l'a enseigné, car il représente la perfection dans la mise en pratique de toutes les sagesses du Coran.

En se basant sur le verset :

« À ceux qui croient et font de bonnes oeuvres, le Tout Miséricordieux accordera Son amour. »
(Sourate 19, Verset 96)

Les gens de science religieuse expliquent que dans ce verset les « **bonnes œuvres** », reposent sur deux conditions :

Première condition :

Il faut que l'acte de dévotion soit fait sincèrement et uniquement pour Allah. Contrairement à ceux qui œuvrent pour une autre divinité, ou un intérêt mondain afin d'obtenir des compliments, un statut honorable, de l'argent ou autre.

Deuxième condition :

Il faut que l'adoration soit en conformité avec la Sounnah du Prophète Mohammed ﷺ. En effet, Allah ordonne à Son Messager de dire :

« Dis (ô Mohammed) : « Si vous aimez vraiment Allah, suivez-moi, Allah vous aimera alors et vous pardonnera vos péchés. Allah est Pardonneur et Miséricordieux. »

(Sourate 3, Verset 31)

LES RÉCITS PROPHÉTIQUES :

Voici quelques exemples de récits prophétiques qui vous permettront d'avoir une vision plus concrète de la Sounnah :

RÉCIT SUR LA MISÉRICORDE

Le Prophète ﷺ a dit:

« Le tout Miséricordieux (Allah) fait miséricorde

aux gens qui sont miséricordieux parmi vous. Faites
miséricorde à ceux qui sont sur la terre et Celui qui est
au-dessus des cieux vous fera miséricorde. »

(Rapporté par Tirmidhi dans ses Sounan n°1924)

RÉCIT SUR LA SCIENCE

Le Prophète ﷺ a dit :

« Aucune personne n'est sortie de sa maison pour
la recherche de la science sans qu'Allah
ne lui facilite un chemin vers le Paradis. »

(Rapporté par Tabarani)

Autrement dit, toute personne qui décide d'étudier la religion
pour adorer Allah avec science, afin de ne jamais s'égarer du
droit chemin mérite le Paradis.

RÉCIT SUR L'INNOVATION RELIGIEUSE

Le Prophète ﷺ a dit :

« Celui qui innove dans notre affaire-ci une chose qui
n'en fait pas partie, alors cette chose est rejetée. »

(Rapporté par Boukhari dans son Sahih n°2697)

La parole du Prophète ﷺ, « *dans notre affaire-ci* », c'est à dire
la religion de l'Islam, montre clairement que les innovations

qui sont interdites sont les innovations dans la religion, celles par lesquelles on cherche à se rapprocher d'Allah.

Par exemple, inventer une fête religieuse pour se rapprocher d'Allah, inventer une manière de prier ou d'invoquer Allah etc.

En matière d'adoration, le Prophète Mohammed ﷺ suffit comme exemple à suivre.

Par contre, les innovations dans les affaires de la vie quotidienne sont permises. (la technologie, le matériel etc...)

Qu'est-ce qu'un messager ?

Tout d'abord, il faut garder en tête le fait que notre Seigneur ne nous a ni abandonnés, ni délaissés. Au contraire, l'histoire nous montre qu'Allah a envoyé plusieurs Messages à l'Homme pour qu'il puisse être heureux et bien guidé.

Comme son nom l'indique, « **le Messager** » a pour rôle de transmettre un message, et Celui qui est à l'origine de tous Ses Messages divins (Les feuillets d'Abraham, La Torah, L'Évangile, Le Coran etc.) est le même. Il s'agit d'Allah, le Créateur de l'univers.

Les prophètes et messagers sont des hommes élus par Allah, pour être pris comme exemple et comme guide dans l'adoration. Ils sont aussi venus avec des miracles extraordinaires pour prouver qu'ils ont été envoyés par Allah. Ceux qui sont concernés par Ses Messages divins, sont les hommes, les femmes, ainsi que tout être doué de raison. Musulman, non musulman, ignorant, jeune ou âgé...
Ses Textes Sacrés s'adressent à tout le monde sans exception,
Peu importe la couleur de peau ou la couleur du drapeau.

Voici quelques noms de prophètes et messagers traduits en arabe :

Adam, Enoch (Idriss), Noé (Nouh), Abraham (Ibrahim), Ismaël (Isma'il), Isaac (Ishaaq), Jacob (Ya'qoub), Joseph (Youssouf), Moïse (Moussa), David (Dawoud), Elie (Ilyes), Élissée (El Yassa'), Jean-Baptiste (Yahya), Jésus (Issa) et le dernier des prophètes et messagers, c'est Mohammed ﷺ, que la paix soit sur eux tous.

Tout croyant se doit d'avoir foi en tous les prophètes et messagers sans exception, conformément au verset :

> « **Nous ne faisons aucune distinction entre Ses messagers** ».
>
> **(Sourate 2, Verset 285)**

C'est à dire que les croyants et croyantes ne font aucune distinction entre les prophètes et messagers qui sont venus avec des preuves claires de la part d'Allah, contrairement à ceux qui disent :
« tel prophète est envoyé par Allah, mais tel autre est un imposteur ! »
Il n'est donc pas permis de rejeter ne serait-ce qu'un seul messager sous prétexte qu'il vient d'un peuple détesté pour ses origines, son apparence physique ou tout autre raison infondée.

On peut donc constater l'intérêt et le respect que portent les musulmans envers tous les prophètes, à travers les prénoms qu'il donnent à leurs enfants, à titre d'exemple : **Issa (Jésus) | Moussa (Moïse) | Dawoud (David) | Souleyman (Salomon) | Youssouf (Joseph) et Mohammed** sont des prénoms très courants au sein de cette communauté.

Que signifie le mot : Musulman ?

Le mot « **Musulman** » se dit « **Mouslim** - مسلم » en arabe. Il signifie « être Soumis », mais soumis à quoi ? Soumis à toutes Ses Vérités Religieuses que nous avons citées précédemment, qui se résument en 2 points fondamentaux :

Le premier point concerne **la bonne croyance en Allah** et cela implique 4 choses :

- Croire qu'Allah existe.
- Que l'univers Lui appartient parce qu'Il a tout créé et qu'Il gère tout, sans aide ni associé.
- Que tous Ses noms et attributs sont parfaits, dénués de tout défaut ou imperfection.
- Et qu'Allah soit le seul dieu à mériter L'adoration, car les autres divinités sont fausses et inventées.

Le deuxième point concerne **la croyance en son Messager Mohammed** ﷺ :
Il consiste à croire qu'Allah a choisi des hommes pour en faire des messagers qui ont indiqué aux gens le chemin du Paradis et qui ont mis en garde contre l'Enfer et tout ce qui y mène. Parmi les messagers auxquels il faut croire, il y a Moïse

(Moussa), Jésus (Issa) que la paix soit sur eux deux, et que le dernier des messagers qui est venu avec le dernier des Livres Saints à suivre, se nomme Mohammed ﷺ, que la paix et les éloges d'Allah soient sur lui.

Celui ou celle qui croit en tout cela a un cœur « Mouslim » c'est-à-dire soumis à Allah en ayant accepté toutes ces vérités religieuses.

La récompense de cela est le Paradis, conformément au verset :

> **« (Mohammed est un Messager) qui vous récite les versets d'Allah comme preuves claires, afin de faire sortir ceux qui croient et accomplissent de bonnes oeuvres des ténèbres à la lumière. Et quiconque croit en Allah et fait le bien, Il le fait entrer aux Jardins sous lesquels coulent les ruisseaux (le Paradis), pour y demeurer éternellement. »**
>
> **(Sourate 65, Verset 11)**

Notion importante :

L'Islam repose sur cinq piliers, et les deux points fondamentaux que nous venons d'expliquer représentent le premier pilier, c'est entre guillemets la porte d'entrée de l'Islam.

Si une personne choisit cette religion comme demeure pour son cœur, alors nous lui conseillons d'avancer avec science et en douceur.

Certaines personnes vont vouloir avancer doucement en se contentant de croire et d'étudier dans un premier temps, d'autres seront peut-être plus motivées à mettre des choses en pratique, mais l'essentiel est d'avancer avec clairvoyance et par ordre de priorité.

Commente les passages du livre qui t'ont interpellé...

Commente les passages du livre qui t'ont interpellé...

Commente les passages du livre qui t'ont interpellé...

Commente les passages du livre qui t'ont interpellé...

©2024, M. Maugalem

Édition : BoD · Books on Demand GmbH,

In de Tarpen 42, 22848 Norderstedt (Allemagne)

Impression : Libri Plureos GmbH, Friedensallee 273, 22763 Hamburg (Allemagne)

Impression à la demande

ISBN : 978-2-3224-7839-2

Dépôt légal : octobre 2024

Tous droits réservés pour tous les pays.
Il est strictement interdit, sauf accord préalable et écrit de l'éditeur, de reproduire (notamment par photocopie ou numérisation) partiellement ou totalement le présent ouvrage, de le stocker dans une banque de données ou de le communiquer au public, sous quelque forme et de quelque manière que ce soit.